Kokosnuss

Ingo Siegner

Der kleine Drache Kokosnuss
Meine allerlustigsten Kinderwitze

Ingo Siegner

Der kleine Drache
Kokosnuss

Meine allerlustigsten Kinderwitze

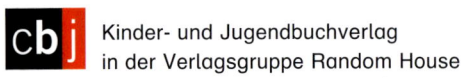
Kinder- und Jugendbuchverlag
in der Verlagsgruppe Random House

MIX
Papier aus verantwor-
tungsvollen Quellen
FSC® C043106

Verlagsgruppe Random House FSC® N001967
Das für dieses Buch verwendete FSC®-zertifizierte Papier
Condat matt Périgord liefert die Papier Union GmbH.

2. Auflage des Sammelbandes
© 2015 cbj Kinder- und Jugendbuchverlag
in der Verlagsgruppe Random House, München
Alle Rechte vorbehalten
Dieser Sammelband besteht aus:
Der kleine Drache Kokosnuss – Lustige Witze für Erstleser
erstmals erschienen 2013 unter der ISBN 978-3-570-15654-4
Der kleine Drache Kokosnuss – Neue Witze für Erstleser
erstmals erschienen 2014 unter der ISBN 978-3-570-15820-3
Der kleine Drache Kokosnuss – Tolle Witze für Erstleser
erstmals erschienen 2014 unter der ISBN 978-3-570-17122-6
Der kleine Drache Kokosnuss – Super Witze für Erstleser
erstmals erschienen 2015 unter der ISBN 978-3-570-17085-4
„Der kleine Drache Kokosnuss" ist eine Figur von Ingo Siegner.
Artwork und Design: Alfred Dieler, Darmstadt
Umschlaggestaltung: basic-book-design, Karl Müller-Bussdorf
Buchgestaltung: Julia Trabel, Ehningen
jk · Herstellung: SL
Reproduktion: Lorenz & Zeller, Inning a. A.
Druck: Grafisches Centrum Cuno GmbH & Co. KG
ISBN 978-3-570-17231-5
Printed in Germany

www.drache-kokosnuss.de
www.cbj-verlag.de

Inhalt

Der kleine Drache Kokosnuss
Lustige Witze für Erstleser ... 11

Der kleine Drache Kokosnuss
Neue Witze für Erstleser ... 51

Der kleine Drache Kokosnuss
Tolle Witze für Erstleser ... 91

Der kleine Drache Kokosnuss
Super Witze für Erstleser ... 131

 Kokosnuss

 Oskar

 Matilda

 Mette

 Magnus

 Opa Jörgen

 Lehrerin Proselinde

 Mama von Matilda

 Fluglehrerin Emma

 Lehrer Kornelius Kaktus

 Dr. Blumenkohl

 Mama von Oskar

 Duftikus Dickbauch

 Lulu Langhals

 Markus Medikus

 Bissbert

Der kleine Drache Kokosnuss

Lustige Witze für Erstleser

Mama Mette stellt Kokosnuss eine Frage.

 Was willst du denn mit dem Regenwurm in unserer Höhle?

 Wir haben draußen miteinander gespielt und jetzt wollte ich ihm mein Zimmer zeigen.

 Gestern war es richtig toll!

 Warum?

 Da konnte ich machen, was ich wollte!

 Und was wolltest du machen?

 Nichts.

Herr Dr. Blumenkohl, ich kann nicht lesen, was Sie unter meinen Aufsatz geschrieben haben.

 Da steht, du sollst deutlicher schreiben!

13

Welches Tier ist fast so stark wie
ein Drache?

 Das stärkste Tier ist eine Schnecke.
Sie kann ein ganzes Haus tragen!

Endlich ist es mir gelungen, runde Bananen zu züchten!

 Ist ja super!

 Die Dinger haben nur einen Nachteil – sie schmecken wie Tomaten!

 Wer kann mir erklären, was der Unterschied zwischen einem Unfall und einem Unglück ist?

 Wenn mein Zeugnis in den Fluss fällt, ist das ein Unfall. Und wenn es jemand wieder rausholt, ist das ein Unglück!

Oskar und Kokosnuss treffen auf dem Weg zur Schule auf Opa Jörgen.

 Kokosnuss, kannst du denn schon das ABC?

 Na klar! Schon bis hundert!

Bei einem Ausflug im Dschungel warnt Kokosnuss Matilda.

 Geh sofort von dem Tiger weg!

 Warum denn? Ich tue ihm doch gar nichts!

Papa Magnus und der kleine Drache
Kokosnuss laufen durch die Wüste.
Magnus schwitzt sehr. Kokosnuss läuft
dagegen in seinem Schatten.

 Du, Papa, wenn du willst, können
wir auch mal tauschen …

 Heute Nacht habe ich geträumt, ich würde einen riesigen Berg Bananen essen.

 Das ist doch ein schöner Traum!

 Ja, aber als ich aufgewacht bin, war mein Kopfkissen verschwunden!

Oskar macht sich gerade über eine Schale
Wackelpudding her und sagt:

 Ja, zittere nur. Ich esse dich
trotzdem!

Im Deutschunterricht stellt Kornelius
Kaktus der Drachenklasse eine Frage.

 Kann mir jemand ein Beispiel für
das folgende Sprichwort geben:
Ehrlich währt am längsten?

 Wenn ich meine Mathe-Hausaufgaben
ehrlich selber mache, dauert es am
längsten.

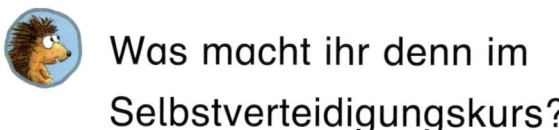 Was macht ihr denn im Selbstverteidigungskurs?

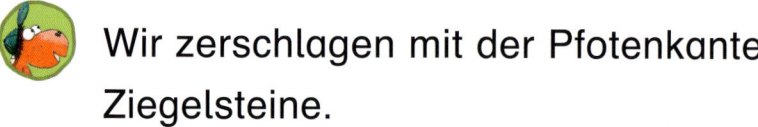 Wir zerschlagen mit der Pfotenkante Ziegelsteine.

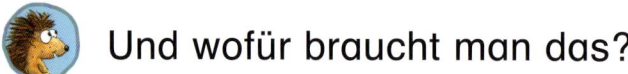 Und wofür braucht man das?

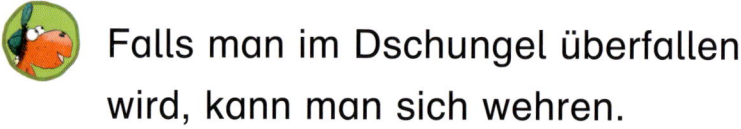 Falls man im Dschungel überfallen wird, kann man sich wehren.

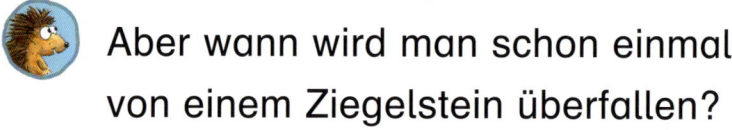 Aber wann wird man schon einmal von einem Ziegelstein überfallen?

Magnus bringt Kokosnuss ins Bett.

 Zum Geburtstag wünscht sich
Mama einen braven kleinen
Drachen.

 Darf ich dann mit diesem kleinen
Drachen spielen?

Magnus versucht, Kokosnuss das
Schwimmen beizubringen.

 Papa, können wir aufhören?
Ich habe keinen Durst mehr!

Kokosnuss und Oskar unterhalten sich
nach einem überraschenden Mathe-Test.

 Ich hatte keine Ahnung, wie ich die
Aufgaben lösen sollte. Ich habe ein
leeres Blatt abgegeben.

 Ich auch. Hoffentlich denkt der
Lehrer nicht, wir hätten voneinander
abgeschrieben.

 Papa, ich muss mal mit dir unter
vier Augen sprechen.

 Kokosnuss, du meinst wohl unter
drei Augen! Weil ich ganz sicher
wieder eines zudrücken muss!

Papa Magnus liest Kokosnuss eine Gutenachtgeschichte vor. Eine halbe Stunde später kommt Mama Mette ins Zimmer.

 Ist er eingeschlafen?

 Ja, endlich!

 Wer streitet bei euch so laut?

 Das sind Papa Magnus und Opa Jörgen.

 Und warum brüllen die so?

 Die machen gerade meine Hausaufgaben.

Im Unterricht stellt die Lehrerin Proselinde
ihren Schülern eine Grammatik-Frage.

 Ich gehe, du gehst, er geht, sie
geht, wir gehen … Oskar, kannst du
mir sagen, was das bedeutet?

 Äh, ich würde mal sagen, alle sind
weg.

Oskar, wo hast du denn dein
Zeugnis?

 Das habe ich Matilda ausgeliehen.
Sie wollte ihren Eltern damit einen
Schrecken einjagen!

Euer neuer Hund hat ja ein schönes braunes Fell ... aber gewaltige Zähne!

 Der ist uns während unserer letzten Afrika-Expedition zugelaufen!

 Wir haben ihm nur die gewaltige Mähne abgeschnitten!

 Ich habe mich heute in der Schule als Einziger gemeldet.

 Bei welcher Frage denn?

 Wer heute die Mathe-Hausaufgaben vergessen hat.

Kokosnuss und Oskar hätten schon vor
Stunden zu Hause sein sollen.

 Wenn wir jetzt kommen, gibt's
Ärger.

 Und wenn wir warten, bis es dunkel
ist, freuen sie sich, dass wir nach
Hause kommen!

Opa Jörgen erzählt Kokosnuss von
seinem Alaska-Abenteuer.

 Damals wurde ich von zwölf Wölfen
angefallen.

 Letztes Jahr waren es aber noch
drei Wölfe!

 Ja, da warst du noch zu klein, um
die ganze Wahrheit zu erfahren!

Geschichtsunterricht in der Drachenschule.

 Früher verbrachten die Frauen ihre
Abende mit Spinnen. Wer kann mir
sagen, warum?

 Die Menschen waren früher so arm,
dass sie sich keine anderen Haus-
tiere leisten konnten.

Papa, weißt du, wie viel Zahnpasta in einer Tube ist?

 Schwer zu sagen, Kokosnuss.

 Über fünf Meter.

Kokosnuss und Oskar sind beim Angeln.
Nacheinander holen sie einen Schuh, eine
Tasse, einen Spazierstock, einen Hut und
schließlich eine Gabel aus dem Fluss.

 Wir sollten verschwinden!
Da unten wohnt einer!

Oskar will von seiner Lehrerin Proselinde
etwas wissen.

 Werden Sie eigentlich bezahlt?

 Aber natürlich! Warum stellst du
diese Frage?

 Na ja, weil in der Schule eigentlich
nur wir Schüler arbeiten!

Kokosnuss und Oskar treffen im Dschungel
eine Raubkatze und zittern vor Angst.

 Was denkt der Leopard wohl gerade?

 Der denkt: Auweia, Fressdrachen
wissen nicht einmal, wie Tiger
aussehen!

Oskar kommt von der Schule nach Hause.

 Mama, es gibt in der Schule etwas,
was nur ich allein kann!

 Was ist es denn?

 Meine Schrift lesen!

Lulu, komm schnell, wir wollen Zoo spielen.

 Und welche Rolle soll ich übernehmen?

 Du spielst die nette Besucherin, die die Tiere mit Bananen und Nüssen füttert!

Die Hängebrücke, die über die Schlucht führt, sieht ja ziemlich wackelig aus.

 Kein Problem, Opa, ich gehe voraus … und wenn sie mich hält, kannst du nachkommen.

Der Lehrer hat dir fünf Einser gege-
ben? Da steht aber nur eine Fünf.

 Wahrscheinlich hat er die Einser
gleich zusammengezählt.

Die Drachenklasse soll eine Wiese mit
Kühen malen. Duftikus gibt nach fünf
Minuten ab.

 Wo ist denn die Wiese mit dem Gras?

 Das haben die Kühe gefressen.

 Und wo sind die Kühe?

 Die sind weggelaufen, weil es kein
Gras mehr gab.

Papa, ich habe beschlossen, Polarforscher zu werden!

 Schön, das ist ein interessanter Beruf!

 Da muss ich jeden Tag trainieren.

 Wie sieht denn dein Trainingsprogramm aus?

 Ich muss täglich ein großes Eis essen, um mich an die Kälte zu gewöhnen!

Sag bitte Matilda nicht, dass ich ihr zum Geburtstag einen Obstkuchen gebacken habe.

 Willst du sie mit dem Kuchen überraschen?

 Nein, ich habe ihn schon aufgegessen!

Kokosnuss, Matilda und Oskar fahren mit ihrem Floß dort, wo der Fluss Mo ins Meer mündet.

 Seht ihr die länglichen grünen Dinger im Wasser? Die sehen gefährlich aus.

 Keine Angst, Matilda, wo Krokodile sind, sind wir vor Haien sicher!

Opa Jörgen hat Magnus ein neues Produkt aus der Drogerie empfohlen.

 Und das neue Haarwuchsmittel wirkt bestimmt?

 Ganz sicher, Papa, gestern ist mir ein Tropfen auf meinen Bleistift gefallen und heute kann ich ihn als Zahnbürste benutzen.

 Warum hast du heute keine Hausaufgaben gemacht?

 In meinem Horoskop stand, ich solle mich nicht anstrengen!

Dein Zeugnis ist ja miserabel.
Was soll ich dazu bloß sagen?

 Das, was du immer sagst.

 Und was sage ich immer?

 Das Wichtigste ist, dass du gesund
bist!

 Papa, du brauchst mir zum
Geburtstag keine Eisenbahn
zu schenken.

 Warum denn, Kokosnuss?

 Ich habe gerade in eurem Schlaf-
zimmer eine ganz tolle Eisenbahn
gefunden.

Heute sind mir so viele Fische ins Netz gegangen. Nimm doch welche mit nach Hause, Opa!

 Vielen Dank, aber kannst du mir die Fische bitte zuwerfen? Dann kann ich zu Oma sagen, ich hätte sie selbst gefangen.

Im Kunstunterricht gibt Kokosnuss der
Lehrerin seine Zeichnung.

 Kokosnuss, du solltest doch deinen
Freund Oskar und sein Zelt zeichnen.
Ich sehe nur das Zelt. Wo ist Oskar?

 Der liegt im Zelt und schläft!

Kokosnuss und Oskar wollen einen
Angelausflug machen.

 Dieses Boot können wir nicht
benutzen. Das hat doch hundert
Löcher!

 Na und? Die sieht doch keiner, weil
sie alle unter der Wasseroberfläche
liegen.

Der Medizindrache Markus Medikus untersucht Kokosnuss.

 Kokosnuss, du scheinst dich ja von
deiner Erkältung gut erholt zu
haben.

 Ja, das stimmt. Ich habe mich auch
genau an die Anweisung auf der
Arzneiflasche gehalten.

 Was stand denn darauf?

 Immer gut verschlossen halten.

 Kokosnuss, weißt du, wo Mama ist?

 Die ist vor zwei Stunden für fünf
Minuten zu Oma rübergegangen.

Kokosnuss und Oskar schreiben Ansichts-
karten. Der kleine Feuerdrache starrt in
die Ferne und denkt angestrengt nach.

 Was ist los? Überlegst du, was du
schreiben sollst?

 Ja, eben hatte ich es noch auf der
Zunge und jetzt ist es weg.

 Denk scharf nach, dann kommt es
sicher wieder!

 Das glaube ich nicht, es war die
Briefmarke!

Also ehrlich, Kokosnuss, du kannst doch hier nicht im Unterricht schlafen!

 Ich könnte schon, wenn Sie ein wenig leiser sprechen würden.

Der kleine Drache Kokosnuss öffnet seine
Brotzeitbox.

 Schon wieder Leberwurst! Jeden
Tag Leberwurst!

 Bitte doch deine Mama darum, dass
sie dir etwas anderes aufs Brot
streicht.

 Wieso, ich mache mir diese Woche
doch meine Brote selbst!

 Was kannst du mir über das Tote
Meer erzählen, Oskar?

 Nichts, ich wusste ja nicht mal,
dass es krank war!

Matilda beklagt sich bei ihren Freunden
Kokosnuss und Oskar.

 Ich verstehe meine Mutter nicht.
Abends, wenn ich hellwach bin,
muss ich ins Bett, und morgens,
wenn ich noch todmüde bin, muss
ich aufstehen.

 Andauernd möchte Kokosnuss
Taschengeld von mir.

 Und wofür gibt er es aus?

 Keine Ahnung. Er bekommt ja nie
welches!

Dr. Blumenkohl steht im Klassenzimmer
und zeigt auf den Globus.

 Warum steht die Erdachse schief?

 Das war schon so, bevor wir den
Globus runtergeworfen haben!

Der kleine Drache
Kokosnuss

Neue Witze für Erstleser

 Kokosnuss, kannst du mir sagen, wann Rom erbaut wurde?

 In der Nacht.

 Wie kommst du denn darauf?

 Papa sagt immer, Rom wurde nicht an einem Tag erbaut!

 Nun sag schon, wer mit schmutzigen Füßen durch die Höhle gelaufen ist.

 Sehe ich so aus, als würde ich meine besten Freunde verraten? Niemals!

Wenn ich durch den Dschungel laufe, komme ich dann noch pünktlich zur dritten Stunde?

 Bestimmt. Und wenn dich der Tiger verfolgt, schaffst du es sogar zur zweiten Stunde.

Mama Mette sitzt kichernd in der Höhle.

 Was ist denn so lustig?

 Heute war ein Staubsaugervertreter
da und hat einen Sack Dreck in der
Höhle ausgekippt. Er versprach,
jeden Fussel aufzuessen, den sein
Gerät nicht beseitigen würde.

 Und was war daran so lustig?

 Sein Gesicht, als ich ihm sagte,
dass wir hier gar keinen Strom
haben.

Die Vorsilbe ‚UN' zeigt oft, dass etwas lästig oder nicht schön ist: UNfug, UNsinn. Kennt jemand noch ein Beispiel?

 UNterricht!

Mitten in der ersten Stunde packt Oskar
sein Brötchen aus.

 Du, Oskar, hier gibt es jetzt aber
kein Frühstück!

 Das dachte ich mir schon.
Deshalb habe ich mir ja auch
was mitgebracht!

Wie heißt die Mehrzahl von Sandkorn?

 Strand!

 Kann ich noch ein Glas Wasser haben?

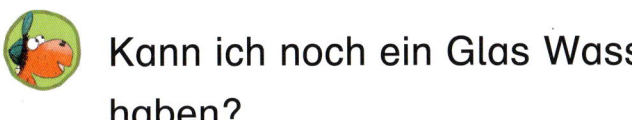 Aber du hattest doch schon sechs?

 Ja, aber der Teppich glüht noch ein bisschen.

Oskars Mama erfährt, dass ihr Sohn
nachsitzen musste.

 Warum hast du mir erzählt, dass
du zu Kokosnuss gehst?

 Weil Kokosnuss auch nachsitzen
musste.

 Maulwürfe sind sehr nützliche Tiere.
Ein einziger Maulwurf frisst am Tag
so viele Schädlinge, wie er wiegt.

 Und woher weiß so ein Maulwurf,
wie viel er wiegt?

Weiß jemand in der Klasse, warum
Fische nicht reden können?

 Ich kann auch nicht reden, wenn
ich den Kopf unter Wasser habe.

Im Matheunterricht.

 Wenn dir deine Mutter fünf Äpfel in deinen Rucksack packt und du isst während des Ausflugs einen davon, was gibt das dann?

 Hunger! Ein Apfel macht doch nicht satt.

Wann ist die richtige Zeit für die Kirschernte?

 Wenn der Gartenbesitzer Mittagschlaf macht!

 Papa, ich soll von Oskar fragen, wann du meine Hausaufgaben fertig hast. Sein Vater würde sie gerne abschreiben.

Oskar, wie oft muss ich dir noch sagen, dass du von dem Keksteller wegbleiben sollst?

 Nicht mehr nötig, Mama, der Teller ist leer.

Angenommen, eine Mutter hat
sechs Kinder und zwölf Äpfel,
die sie gerecht verteilen möchte.
Wie macht sie das?

 Sie macht Apfelmus!

 Nennt mir mal die verschiedenen
Zeitformen von: „ich esse"!

 Ich esse, ich aß, ich bin satt!

Mama, ist bald Mittag?

 Noch lange nicht.

 Na so was! Da geht mein Magen wohl vor!

 Sag mal Kokosnuss, wie alt ist eigentlich Opa Jörgen?

 Ich weiß nicht genau, aber wir haben ihn schon ziemlich lange.

Lulu zeigt Kokosnuss ihre Steinsammlung.

 Was ist das hier?

 Das ist eine Jahrtausendealte
Versteinerung von Drachenfelsen!

 Und dieser Brocken hier?

 Ach, das ist ein Stück von dem
Kuchen, den ich kürzlich gebacken
habe.

 Hast du keine Ohren, Kokosnuss? Wie oft habe ich gesagt, du sollst am Tisch nicht ständig mit den Beinen zappeln!

 Aber wie soll ich denn mit den Ohren zappeln?

 Mama, kannst du deinen Namen ganz schnell schreiben?

 Aber sicher.

 Kannst du das auch mit geschlossenen Augen?

 Natürlich.

 Gut. Dann mach die Augen zu und ich leg dir mein Zeugnis hin.

Ich habe heute Nacht geträumt,
ich sei in einen Nagel getreten.

 Wenn du solche Sachen träumst,
solltest du nicht barfuß schlafen.

Kann ich im Bett noch was lesen, bis ich einschlafe?

 Meinetwegen. Aber keine Sekunde länger.

 Papa, deine Uhr ist wirklich wasserdicht! Gestern habe ich sie mit Wasser gefüllt, und bis jetzt ist nichts rausgekommen!

Warum hast du den ganzen Kuchen allein aufgegessen? Hast du denn nicht an deinen Vater gedacht?

 Doch, andauernd, weil ich Angst hatte, er könne kommen, bevor ich fertig bin.

Oskar steht mit geschlossenen Augen vor dem Spiegel.

 Was soll denn der Unsinn?

 Ich wollte mal sehen, wie ich aussehe, wenn ich schlafe!

 Mein Sohn ist ziemlich einfallsreich.

 Finde ich auch. Besonders bei der Rechtschreibung.

Was ist dein Lieblingsinstrument, Oskar?

 Der Essensgong!

Siehst du, jetzt haben wir dich auch ohne Mama gebadet.

 Schon … aber bei Mama muss ich vorher immer die Schuhe ausziehen.

Kokosnuss trifft auf dem Nachhauseweg Opa Jörgen.

 Wie war es denn in der Schule, Kokosnuss?

 Wir haben heute etwas über Sprengstoff gelernt!

 Toll! Und was macht ihr morgen in der Schule?

 In welcher Schule?

Stimmt es, dass die wilden Tiere
im Dschungel einem nichts tun,
wenn man eine Fackel trägt?

 Kommt drauf an, wie schnell man
die Fackel trägt.

 Wo ist denn der Kuchen, der hier stand?

 Den habe ich einem hungrigen kleinen Drachen gegeben.

 Das ist aber lieb von dir. Wer war denn der Drache?

 Na ich, Mama!

Mette und Magnus arbeiten im Garten.

 Wenn man nett mit den Pflanzen spricht, wachsen sie besser.

 Gut, dann gehe ich jetzt und beleidige das Unkraut.

Duftikus kommt zu spät zur Schule.

 Entschuldigung, ich habe verschlafen.

 Wie? Zu Hause schläfst du auch noch?

Opa Jörgen setzt sich auf eine Bank.

 Die ist frisch gestrichen.

 Wie?

 Grün!

 Welches Tier kann höher springen
als ein Haus?

 Jedes!

 Wie kommst du denn da drauf?

 Haben Sie schon mal ein Haus
springen sehen?

Kokosnuss und Oskar schauen bei einem
Wikingerwettrennen zu.

 Warum laufen die denn so furchtbar
schnell?

 Der Erste bekommt einen Preis!

 Und warum laufen die anderen?

Warum hast du denn einen Knoten im Taschentuch?

 Den hat meine Mama reingemacht, damit ich nicht vergesse, ihren Brief in den Postkasten einzuwerfen.

 Und hast du ihn eingeworfen?

 Nein, sie hat vergessen, ihn mir mitzugeben!

Immer wenn du frech bist, bekomme
ich wieder ein graues Haar.

 Wenn ich mir Oma so anschaue,
musst du viel frecher gewesen sein
als ich.

Opa Jörgen liegt am Strand und schnarcht.
Kokosnuss drückt vorsichtig an seinen
Zehen herum.

 Lass Opa doch schlafen.

 Ich will ja nur schauen, ob ich ihn
leiser stellen kann.

Kokosnuss übernachtet bei Oskar in der Fressdrachenhöhle.

 Wenn deine Mutter uns nicht bald weckt, kommen wir zu spät zur Schule.

 Und als der Löwe hinter mir her war, rettete ich mich in letzter Sekunde auf einen Baum!

 Aber in der Wüste gibt es doch keine Bäume.

 In dem Moment war mir das egal!

Oskar, ich hab dir doch gesagt,
du sollst aufpassen, wann die
Milch überkocht.

 Hab ich doch: Es war Punkt acht
Uhr.

Warum badest du ohne Wasser?

 Bin spät dran, und habe keine Zeit
mehr, um mich abzutrocknen.

Kokosnuss und Papa Magnus spielen
ganz vertieft mit der Spielzeugeisenbahn.
Die beiden machen ziemlich viel Lärm und
es wird immer später. Eigentlich müsste
Kokosnuss längst im Bett liegen. Da
kommt Mette ins Zimmer.

 Könntet ihr mir bitte sagen,
wann der letzte Zug fährt?

Schau mal, Opa, das Zeugnis hier!

 Au weia, Kokosnuss, das sieht ja nicht so toll aus!

 Das habe ich gerade in deiner Höhle gefunden. Es ist eins von dir!

 Oskar, du hast im Diktat die gleichen Fehler wie Kokosnuss. Hast du dafür eine Erklärung?

 Das ist ganz einfach! Wir haben doch die gleiche Lehrerin.

 Das Leben als Lehrer muss so entspannt sein.

 Wieso das?

 Es ist doch viel einfacher, blöde Fragen zu stellen, als schlaue Antworten zu geben.

Nach der Schule können sich die Freunde nicht entscheiden, was sie unternehmen wollen.

 Ich weiß: Wir werfen eine Münze. Bei Zahl gehen wir an den Strand und bauen eine Sandburg.

 Und bei Kopf machen wir einen Ausflug in den Klippenwald.

 Und wenn die Münze auf dem Rand stehen bleibt, machen wir Hausaufgaben.

 Viele Grüße von Dr. Blumenkohl.
Morgen Abend ist Elternabend im
kleinen Kreis.

 Im kleinen Kreis? Wer kommt denn
alles?

 Dr. Blumenkohl und du.

Kokosnuss und seine Freunde kämpfen im
Dschungel mit einem Schwarm Mücken.
Dann sehen sie Glühwürmchen.

 Jetzt aber schnell weg hier.
Die Biester suchen uns schon mit
Laternen!

Ratlos betrachtet Kokosnuss den wolkenlosen Himmel.

 Opa, wieso bist du dir so sicher, dass es heute noch regnen wird?

 Wir wollen heute Abend eine Grillparty feiern.

Also merkt euch: Hitze dehnt aus und Kälte zieht zusammen. Wer kann mir ein Beispiel geben?

 Die Ferien im Sommer dauern sechs Wochen, die im Winter nur zwei!

Du kommst diese Woche schon zum dritten Mal zu spät. Was kannst du mir dazu sagen, Duftikus?

 Heute ist Mittwoch!

Nach vier Wochen wird Oskar der Gipsverband abgenommen:

 Das Bein sieht schon wieder sehr gut aus. Trotzdem solltest du noch keine Treppen steigen.

 Na gut, aber das Rauf- und Runterklettern am Regenrohr ist ganz schön anstrengend.

Der kleine Drache
Kokosnuss

Tolle Witze für Erstleser

Lehrer Kornelius Kaktus spricht den schlafenden Oskar an.

 Weißt du, was du bist?

 Ja, ein aufgeweckter Schüler!

Opa Jörgen serviert stolz einen Fisch.

 Eine ganze Stunde habe ich mit dem gekämpft.

 So einen schlechten Dosenöffner hatte Mama auch mal.

Dr. Blumenkohl stellt seinen Schülern eine
Frage.

 Wenn ich ein Stück Papier in vier
Teile zerreiße, habe ich Viertel.
Was habe ich, wenn ich es in 1000
Teile zerreiße?

 Konfetti!

Schnarcht Papa Magnus immer so?

 Eigentlich nur, wenn er schläft.

Dr. Blumenkohl hat seinen Schülern einen
Papagei mitgebracht.

 Papageien können sehr alt werden.
100 Jahre sind keine Seltenheit.

 Aber der hier muss sehr jung sein.
Er ist ja noch ganz grün!

Oskar, hast du dem Papagei die
ganzen Schimpfwörter beigebracht?

 Nein, ich habe ihm nur immer
wieder gesagt, welche Wörter er auf
keinen Fall benutzen darf.

 Warum schreiben Maler ihren Namen immer unten rechts auf ihre Bilder?

 Damit man weiß, wo oben und unten ist und wie das Bild aufgehängt werden muss.

 Die schwerste Arbeit muss ich immer schon vor dem Frühstück erledigen.

 Oh je, und was musst du so früh machen?

 Aufstehen!

Wenn du einem Tiger begegnest, musst du ihm nur zeigen, dass du keine Angst hast.

 Aber Opa, du hast doch gesagt, dass ich nicht lügen soll!

 Ich habe euch doch erklärt, dass man alles, was man anfassen kann, groß schreibt.

 Aber einen Skorpion kann man doch nicht anfassen!

 Dein Husten hört sich heute schon viel besser an!

 Ich habe ja auch eine ganze Woche lang geübt!

Hast du dir die Stelle gemerkt, wo wir neulich so viele Fische gefangen haben?

 Natürlich, ich habe ein Kreuz an die Bootswand gemacht.

 Und was, wenn wir morgen mit einem anderen Boot rausfahren?

Wir haben heute in der Schule gelernt, warum man Bienen braucht.

 Na, dann erkläre es mir mal.

 Sie fliegen von Blume zu Blume und wischen Staub!

 Ist Tinte eigentlich teuer?

 Nein, ich glaube nicht.

 Dann verstehe ich nicht, warum Mama Mette so sauer war, als mir das Tintenfass auf den Teppich gefallen ist.

Mama, du hast doch vollstes
Vertrauen zu mir, oder?

 Natürlich.

 Warum stellst du dann den Kuchen
immer auf das oberste Regalbrett?

Wie waren deine Ferien, Lulu?

 Ganz toll, aber für einen Aufsatz zu
kurz!

 Du hast ja ein tolles Segelboot,
Kokosnuss!

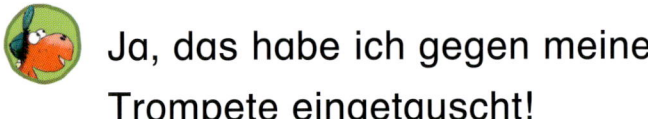 Ja, das habe ich gegen meine
Trompete eingetauscht!

 Aber wer macht denn so was?

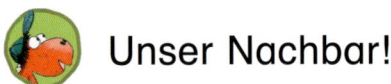 Unser Nachbar!

Dr. Blumenkohl erzählt von der Entdeck-
ung des Entenblümchens.

 Duftikus, schnarch nicht so laut!

 Störe ich dich beim Zuhören?

 Nein, beim Einschlafen!

Hast du eine halbe Stunde vor jedem Essen Wasser getrunken?

 Ja, ich hab's probiert. Aber eine halbe Stunde lang Wasser zu trinken, ist wirklich etwas viel.

Fressdrachen-Mama Adele öffnet ihrem Sohn Oskar die Tür.

 Warst du heute in der Schule auch brav?

 Na klar, was soll man auch groß anstellen, wenn man den ganzen Tag in der Ecke stehen muss?

Mama, soll ich dir eine Geschichte erzählen?

 Ja, aber mach's kurz – du musst schlafen!

 Es war einmal eine Vase … und die ist kaputt.

Duftikus Dickbauch kommt mit ein paar
Beulen und Schrammen zum Arzt.

 Ich bin vom Baum gefallen?

 Hoch?

 Nein, natürlich runter.

 Wo willst du denn mit dem Hammer
hin?

 Den will ich umtauschen!

 Warum das denn?

 Der trifft immer nur meinen
Daumen.

Mama, was ist das für ein Satz:
„Es ist kein Ochsenfleisch im Haus."

 Das ist kein Satz – das ist eine
Katastrophe – für Papa.

Kokosnuss und Matilda fliegen durch die
Luft.

 Wie schön frisch die Luft heute

Morgen ist!

 Kein Wunder, sie war ja auch die

ganze Nacht draußen.

Ich glaube, mein Gewissen ist ein bisschen schüchtern.

 Warum das denn?

 Es redet ganz selten mit mir.

Dr. Blumenkohl fragt im Biologieunterricht:

 Lulu, warum legen Hühner Eier?

 Wenn sie sie werfen würden, gingen doch alle kaputt!

Oskar liegt mit Grippe im Bett und wird von Markus Medikus untersucht.

 Sag mir die Wahrheit – ich kann sie verkraften: Wann muss ich wieder in die Schule?

 Wo sind Mücken eigentlich im Winter?

 Keine Ahnung, aber ich wünschte, sie wären auch im Sommer dort.

Kokosnuss und Oskar finden im Dschungel
riesige Fußabdrücke.

 Ich schlage vor, wir teilen uns auf.

 Einverstanden. Du schaust, wohin
die Spuren führen. Und ich stelle
fest, woher sie kommen.

Wir haben einen sprechenden
Papagei gesehen.

 Das ist doch nichts Besonderes.
Ich habe einen Specht gesehen.
Der konnte das Morse-Alphabet.

Opa Jörgen liegt am Strand im Liegestuhl.
Kokosnuss isst gerade ein Eis.
Das Eis tropft auf Opa Jörgens Bauch.

 Brr, ich glaube, das war eine Möwe
vom Nordpol.

 Oskar, geht es dir nicht gut? Du bist so blass!

 Die letzte Pflaume muss schlecht gewesen sein. Die 88 Pflaumen, die ich davor gegessen habe, habe ich ohne Probleme vertragen.

Der Arzt untersucht Kokosnuss.

 Wie viele Stunden schläfst du?

 Höchstens zwei oder drei.

 Für einen jungen Feuerdrachen ist das aber viel zu wenig!!!

 Ach, das macht mir gar nichts. Nachts schlafe ich ja schon 10 Stunden.

Kokosnuss, dein Zeugnis gefällt mir gar nicht!

 Mir auch nicht, Papa, aber wenigstens haben wir den gleichen Geschmack.

 Was sagst du zu der Schnecke in deinem Salat?

 Was soll ich sagen? Sie versteht mich ja doch nicht.

Welches Metall löst sich nicht auf, wenn man es in einen Topf mit Säure wirft?

 Gold!

 Richtig! Wer kann mir den Grund dafür nennen?

 Weil niemand so dumm ist, Gold in einen Topf mit Säure zu werfen!

Lulu steht neben einem Briefkasten und berichtet Kokosnuss von ihren Beobachtungen.

 Ich weiß ja nicht, wer da wohnt, aber die bekommen wirklich eine Menge Post!

Wenn ich abends Kakao trinke,
kann ich nicht schlafen.

 Komisch, bei mir ist es genau umge-
kehrt. Wenn ich schlafe, kann ich
keinen Kakao trinken.

Der Mond sieht klein aus, ist aber in Wirklichkeit ziemlich groß. Was schätzt ihr, wie oft die Dracheninsel auf seiner Oberfläche Platz hat?

 Bei Vollmond oder bei Halbmond?

 Heute haben wir in der Schule gelernt, dass man nur ein Drittel seines Gehirns benutzt.

 Na, so was! Und was macht man mit dem anderen Drittel?

Im Teich des Schulgeländes ist das Angeln verboten.

 Ich angle doch gar nicht – ich gebe einem Wurm Schwimmunterricht!

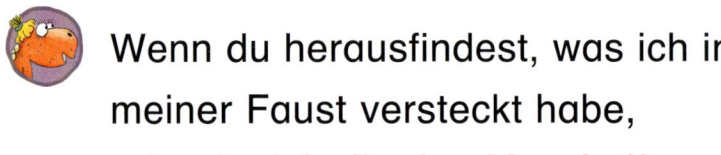 Wenn du herausfindest, was ich in meiner Faust versteckt habe, schenke ich dir eine Muschel!

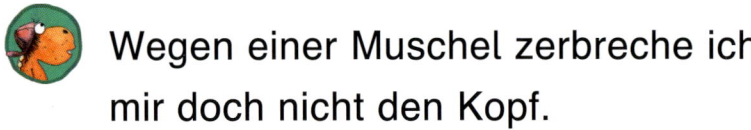 Wegen einer Muschel zerbreche ich mir doch nicht den Kopf.

 Mama, wie viele Tage sind es noch bis Weihnachten?

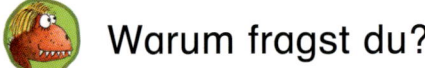 Warum fragst du?

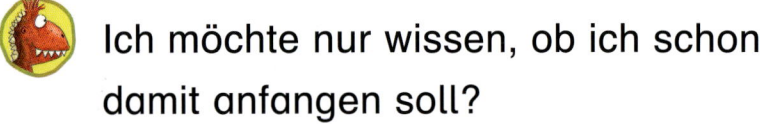 Ich möchte nur wissen, ob ich schon damit anfangen soll?

 Womit anfangen?

 Ein braver Fressdrache zu sein.

Was ist mehr, Oskar, vier oder
vierzig?

Oskar schweigt.

 Hättest du lieber vier oder vierzig
Ochsen?

 Vier.

 Du lieber Himmel, Oskar, weißt
du nicht, dass vier weniger sind
als vierzig?

 Doch, aber ich bin Vegetarier
und mag keine Ochsen.

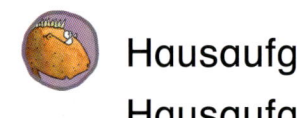 Hausaufgaben müssen sein, Kinder.
Hausaufgaben haben noch keinen
umgebracht.

 Wir wollen aber auch nicht die ersten
Opfer sein.

 Herr Lehrer, was ist ein „Phänomen"?

 Das willst du wirklich wissen?

 Ja, wirklich!

 Dass du dich für etwas interessierst,
das ist ein Phänomen!

Kokosnuss darf bei Oskar Mittagessen.
Weil ihm erwachsene Fressdrachen immer
etwas unheimlich sind, sitzt er schüchtern
vor seiner Suppe.

 Warum isst du nicht, Kokosnuss?

 Kann nicht.

 Ist dir nicht gut?

 Doch.

 Magst du keine Suppe?

 Doch, aber ich habe
keinen Löffel.

Matheunterricht bei Proselinde.

 Stellt euch einen Pfirsich vor, den ihr in vier Teile schneidet. Wenn ihr ein Viertel wegnehmt, dann das zweite Viertel, dann das dritte Viertel und dann das vierte Viertel, was bleibt übrig?

 Der Kern!

 Kokosnuss, kannst du bitte den Salat im Garten gießen?

 Aber es regnet doch.

 Dann nimm halt den Schirm mit.

 Weißt du, warum der Himmel heute
so klar ist?

 Ja, heute ist Walpurgisnacht. Und
da fegen viele Hexen durch den
Himmel.

Was isst du denn da, Proselinde? Ist das etwa Katzenfutter?

 Ja, ich sollte doch tierische Nahrung zu mir nehmen.

 Mama, bekomme ich noch etwas zu essen?

 Nein, du siehst total müde aus. Am besten gehst du gleich ins Bett.

 Aber ich bin doch nur von außen müde! Mein Magen ist hellwach!

Magnus macht mit Kokosnuss einen Spaziergang.

 Schau mal, das ist ein Specht.

 Warum klopft er denn so?

 Er sucht Insekten, die unter der Baumrinde wohnen.

 Ach, und die machen auf, wenn er anklopft?

Wie viel Uhr ist es eigentlich?

Kokosnuss schaut auf seine Armbanduhr.

 In sieben Minuten ist es acht Uhr.

 Ich habe nicht gefragt, wie viel Uhr es in sieben Minuten ist, sondern wie spät es jetzt ist.

Kornelius Kaktus stellt Oskar eine
Rechenaufgabe.

 Wenn du zehn Knöpfe in deine
Tasche steckst und fünf davon
verlierst, was hast du dann in
deiner Tasche?

 Ein Loch!

Der kleine Drache
Kokosnuss

Super Witze für Erstleser

 Deine Schrift ist absolut unleserlich.
Ich verlange, dass du schöner
schreibst.

 Lieber nicht, dann können Sie ja
alle meine Rechtschreibfehler
erkennen!

Wenn ich dir von fünf Kokosnüssen drei wegnehme, was macht das?

 Gar nichts. Ich mag nämlich keine Kokosnüsse.

 Ich hoffe, dass ich dich in Zukunft nicht mehr beim Abschreiben erwische!

 Das hoffe ich auch!

Aus welcher Familie stammt der Hai?

 Ich kenne keine Familie, zu der ein Hai gehört.

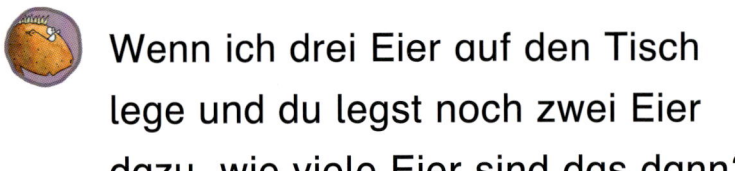 Wenn ich drei Eier auf den Tisch lege und du legst noch zwei Eier dazu, wie viele Eier sind das dann?

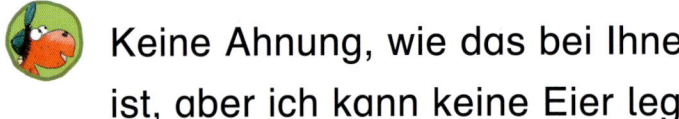 Keine Ahnung, wie das bei Ihnen ist, aber ich kann keine Eier legen.

Oskar, komm bitte nach vorne an die Tafel.

 Herr Lehrer, Oskar ist krank und fehlt heute.

 Ruhe, Oskar soll gefälligst selbst antworten.

Kokosnuss kommt von der Schule nach Hause.

 Na, Kokosnuss, wie war es heute in der Schule?

 Eigentlich recht gut. Aber irgendwie ist es schade, dass die Lehrer so wenig wissen. Andauernd stellen sie Fragen.

Lulu Langhals! Wie kommt es, dass dein Aufsatz über eure Katze identisch mit dem deines Bruders ist?

 Ganz einfach, Herr Lehrer, wir haben nur eine einzige Katze zu Hause.

 Welcher Vogel baut kein Nest?

 Der Kuckuck.

 Und warum nicht?

 Na, weil er in einer Uhr wohnt.

 Heute mussten wir einen Aufsatz schreiben. Das Thema hieß „So stelle ich mir die perfekte Schule vor".

 Und was hast du geschrieben?

 Nur ein Wort: „Geschlossen".

 Du Opa, in der Schule lernen wir jetzt auch Algebra.

 Wie schön, Kokosnuss! Kannst du auf Algebra auch schon „Guten Tag" sagen?

 Wer kann mir etwas Wichtiges nennen, das es vor 20 Jahren noch nicht gab?

 Mich!

Meine Schüler gehorchen mir aufs Wort.

 Das habe ich bis heute noch nicht geschafft. Wie machst du das bloß?

 Ganz einfach! Wenn ich morgens reinkomme, sage ich: „Macht doch, was ihr wollt." Und genau das machen sie dann.

Du kommst schon wieder zu spät,
Lulu! Hast du keinen Wecker?

 Doch, aber wenn der klingelt,
schlafe ich noch.

 Gehst du denn gern zur Schule?

 Ja, ich gehe sehr gerne zur Schule
und sehr gerne wieder nach Hause.
Der Teil dazwischen ist manchmal
jedoch etwas anstrengend!

In der Schule ist eine Fensterscheibe zu Bruch gegangen.

 Ich bin unschuldig!

 Das sagen alle.

 Da sehen Sie es selbst! Wenn es alle sagen, dann muss es doch auch stimmen!

 Wo ist denn bloß mein Bleistift?

 Hinter Ihrem Ohr.

 Hör mal, mein Junge, ich habe keine Zeit zum Suchen. Hinter welchem Ohr?

Nach dem ersten Schultag fragt die Mama
von Kokosnuss:

 Hast du schon viel gelernt?

 Nein, morgen muss ich noch mal
hin!

Mit der Rechtschreibung stehst du wirklich auf Kriegsfuß, Oskar. Du könntest ruhig mal im Wörterbuch nachschlagen, wenn du im Zweifel bist.

 Aber ich bin nie im Zweifel!

 Wollen wir uns heute Nachmittag treffen?

 Au ja! Sei bitte um drei Uhr vor unserer Höhle.

 In Ordnung! Und wann kommst du?

In der Schule wird besprochen, wie man sich bei einem Ausflug in den Dschungel richtig verhält.

 Was tut man, wenn es blitzt?

 Man legt sich flach auf den Boden.

 Und warum?

 Damit der Blitz denkt, er hätte einen schon erschlagen.

Ich will nicht in die Schule. Immer
wenn Dr. Blumenkohl nicht mehr
weiter weiß, fragt er mich.

Die Drachenschüler bekommen ihre
Testarbeiten zurück.

 Lulu, wie ist das nur möglich …
14 Fehler auf einer einzigen Seite?

 Das liegt nur daran, weil Sie wie
verrückt danach suchen.

Nach dem ersten Schultag.

 Was habt ihr denn heute in der
Schule gemacht?

 Wir haben geschrieben.

 Und was habt ihr geschrieben?

 Das weiß ich nicht. Lesen haben wir
ja noch nicht gelernt.

Vor einem Test ist Oskar besonders
aufgeregt.

 Na, hast du Angst vor meinen
Fragen?

 Davor nicht, eher vor meinen
Antworten.

Hast du deine Hausaufgaben gemacht?

 Nein.

 Das werde ich dann wohl deinem Vater sagen müssen.

 Das wird nichts nützen. Der wird sie auch nicht machen!

Kokosnuss kommt zu spät in die Schule.

 Ich bitte um Entschuldigung, ich bin von Räubern überfallen worden!

 Was hat man dir denn geraubt?

 Zum Glück nur die Hausaufgaben!

Mit Tränen in den Augen steht Lulu vor
Kornelius Kaktus.

 Ich finde auch nicht alles gut, was
Sie machen. Aber renne ich deswegen
immer gleich zu Ihren Eltern?

 Warum bist du schon wieder zu spät,
Oskar?

 Weil ich mit dem Fahrrad gefahren
bin!

 Das ist doch keine Entschuldigung!

 Aber natürlich, da war ein Schild auf
dem stand „Achtung Schule, bitte
langsam fahren".

Aufgeregt kommt Matilda nach Hause.

 Stell dir vor, Mama, gestern hat
Dr. Blumenkohl Oskar nach Hause
geschickt, weil er sich nicht
gewaschen hatte!

 Und, hat das was genützt?

 Na klar! Heute hatten sich zwölf
Drachenkinder nicht gewaschen!

Wer weiß, was Mumien sind?

 Verpackte ägyptische Könige!

 Ich verstehe die Mengenlehre
einfach nicht.

 Kein Problem, ich erklär's dir.
Wenn zum Bespiel drei Leute in
einem Raum sind und fünf hinaus-
gehen, dann müssen zwei hinein-
gehen, damit der Raum leer ist.

Kokosnuss hat Geburtstag. Matilda, Oskar, Duftikus – alle wollen zu seiner Feier kommen. Aufgeregt schmückt Kokosnuss die Drachenhöhle. Mama Mette kommt rein.

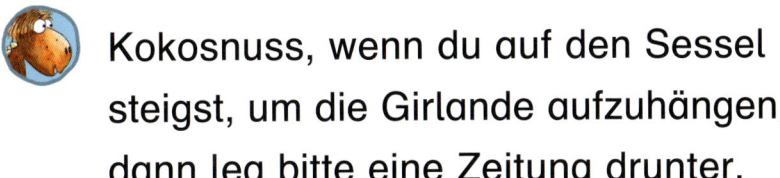 Kokosnuss, wenn du auf den Sessel steigst, um die Girlande aufzuhängen, dann leg bitte eine Zeitung drunter.

Ach, nicht nötig, Mama. Ich bin groß genug und komme auch so ran.

Vielen Dank für dein Geburtstags-
geschenk, Oskar.

 Ach, das ist doch nicht der Rede wert.

 Ja, das finde ich auch, aber meine
Mama meint, ich müsse mich für
jedes Geschenk bedanken.

 Was liest du denn da Schönes,
Oskar?

 Keine Ahnung, Mama.

 Aber du hast doch sogar laut
gelesen!

 Ja, aber ich habe mir überhaupt nicht
zugehört.

Oskar will mit Kokosnuss und Matilda zum Schwimmen gehen.

 Du hast heute Morgen gesagt, du hättest Bauchschmerzen. Deswegen musst du jetzt zu Hause bleiben.

 Das macht doch nichts, ich kann ja auf dem Rücken schwimmen.

Lulu kommt vom Zahnarzt.

 Tut dein Zahn noch weh?

 Ich weiß nicht, ich habe ihn beim
Zahnarzt gelassen.

Kokosnuss spricht mit Papa Magnus.
Der ist in eine Zeitung vertieft.

 Papa, du hörst mir ja gar nicht zu.

 Na klar, hör ich dir zu.

 Bestimmt nicht, denn sonst hättest
du schon längst mit mir geschimpft.

Eltern sind komisch!

 Wieso?

 Erst bringen sie einem mühsam
das Sprechen bei, und wenn man's
kann, sagen sie einem dauernd,
man soll den Mund halten!

Matilda sitzt auf einem Felsen und strickt.

 Was strickst du denn so eifrig?

 Ein Weihnachtsgeschenk für dich.

 Und was wird das?

 Mal schau'n, genau weiß ich es selber noch nicht.

 Mama, die teure Vase im Flur, um die du immer solche Angst hast …

 Was ist damit?

 Du brauchst keine Angst mehr zu haben …

Kokosnuss geht mit Lulu und Matilda am Strand spazieren.

 Kannst du mir erklären, was Wind ist?

 Das ist Luft, die es ganz eilig hat!

Kokosnuss will heute einfach
nicht ins Bett. Papa Magnus
wird langsam ungeduldig.

 Gehst du freiwillig ins
Bett oder soll ich dir
ein Gutenachtlied
vorsingen?

Etwas so Schmutziges wie deine
Hände habe ich noch nie gesehen!

 Soll ich dir mal meine Füße zeigen?

 Mein Hund ist weggelaufen.
Haben Sie ihn vielleicht gesehen?

 Nein, aber sie können doch Zettel in
der Straße aufhängen.

 Das bringt leider gar nichts.
Mein Hund kann nicht lesen!

Warum sind Elefanten so faltig?

 Weil man sie so schlecht bügeln kann.

 Hier in der Zeitung steht: „Herz von einem Gorilla verpflanzt."

Verrückt. Ich würde mich doch nie von einem Affen operieren lassen.

Kornelius Kaktus kommt zu Markus
Medikus.

 Doktor, Doktor, ich bin von einer
Biene gestochen worden!

 Hast du Salbe darauf getan?

 Nein, die Biene ist gleich
weggeflogen!

Lulu Langhals bekommt zum Geburtstag
eine Schildkröte geschenkt. Sie betrachtet
sie von allen Seiten.

 Wie öffnet man denn den Deckel?
Ich würde sie gern mal streicheln.

Warum reiten die Hexe Rubinia und die Wetterhexe Gula auf einem Besen?

 Ein Staubsauger wäre ihnen zu schwer.

 Was benutzen kleine Gespenster in der Schule, wenn sie einen Test schreiben?

 Einen Spukzettel.

Was für einen Hund hat Vampir
Bissbert zu Hause?

 Einen Bluthund!

Was isst ein alter Vampir, der keine Zähne mehr hat?

 Mein Opa ernährt sich von Tomatensuppe.

Lulu saust rasend schnell durch die Luft. Mitten im schönsten Looping wird sie von Fluglehrerin Emma angehalten.

 Du bist mindestens 50 Kilometer pro Stunde geflogen – das ist viel zu schnell!

 Das kann nicht sein. Ich bin doch erst seit fünf Minuten unterwegs.

 Was fressen Seeungeheuer?

 Fish and ships.

Welche Flocken fallen nicht vom Himmel?

 Die Haferflocken.

 Welche Bilder kann man nur im Dunkeln sehen?

 Die Sternbilder.

Warum fressen Tiger keine
Kängurus?

 In Australien gibt es keine Tiger.

Dr. Blumenkohl hat sich einen Hund
gekauft. Beim Spazierengehen begegnet
er Lulu Langhals.

 Sie haben aber einen hübschen
Hund. Wie heißt er denn?

 Er hat keinen Namen.

 Warum denn nicht?

 Er kommt ja doch nicht, wenn ich
ihn rufe.

Foto: privat

Ingo Siegner, 1965 geboren, wuchs in Großburgwedel auf. Schon als Kind erfand er gerne Geschichten. Später brachte er sich das Zeichnen bei. Mit seinen Büchern vom kleinen Drachen Kokosnuss, die in viele Sprachen übersetzt sind, eroberte er auf Anhieb die Herzen der jungen LeserInnen. Ingo Siegner lebt als Autor und Illustrator in Hannover.

Alle Kokosnuss-Abenteuer auf einen Blick!

- Der kleine Drache Kokosnuss (978-3-570-12683-7)

- Der kleine Drache Kokosnuss feiert Weihnachten (978-3-570-12765-0)

- Der kleine Drache Kokosnuss kommt in die Schule (978-3-570-12716-2)

- Der kleine Drache Kokosnuss – Hab keine Angst! (978-3-570-12806-0)

- Der kleine Drache Kokosnuss und der große Zauberer (978-3-570-12807-7)

- Der kleine Drache Kokosnuss und der schwarze Ritter (978-3-570-12808-4)

- Der kleine Drache Kokosnuss und seine Abenteuer (978-3-570-13075-9) *gekürzte Fassung des Bilderbuchs »Der kleine Drache Kokosnuss« (978-3-570-12683-7)*

- Der kleine Drache Kokosnuss – Schulfest auf dem Feuerfelsen (978-3-570-12941-8)

- Der kleine Drache Kokosnuss besucht den Weihnachtsmann (978-3-570-13202-9) *gekürzte Fassung des Buchs »Der kleine Drache Kokosnuss feiert Weihnachten« (978-3-570-12765-0)*

- Der kleine Drache Kokosnuss und die Wetterhexe (978-3-570-12942-5)

- Der kleine Drache Kokosnuss reist um die Welt (978-3-570-13038-4)

- Der kleine Drache Kokosnuss und die wilden Piraten (978-3-570-13437-5)

- Der kleine Drache Kokosnuss – Meine Schulfreunde (978-3-570-13548-8)

- Der kleine Drache Kokosnuss im Spukschloss
  (978-3-570-13039-1)
- Der kleine Drache Kokosnuss und der Schatz im Dschungel
  (978-3-570-13645-4)
- Der kleine Drache Kokosnuss und das Vampir-Abenteuer
  (978-3-570-13702-4)
- Der kleine Drache Kokosnuss und das Geheimnis der Mumie
  (978-3-570-13703-1)
- Der kleine Drache Kokosnuss und die starken Wikinger
  (978-3-570-13704-8)
- Der kleine Drache Kokosnuss auf der Suche nach Atlantis
  (978-3-570-15280-5)
- Der kleine Drache Kokosnuss bei den Indianern
  (978-3-570-15281-2)
- Der kleine Drache Kokosnuss im Weltraum (978-3-570-15283-6)
- Der kleine Drache Kokosnuss reist in die Steinzeit
  (978-3-570-15282-9)
- Der kleine Drache Kokosnuss – Schulausflug ins Abenteuer
  (978-3-570-15637-7)
- Der kleine Drache Kokosnuss bei den Dinosauriern
  (978-3-570-15660-5)
- Der kleine Drache Kokosnuss und der geheimnisvolle Tempel
  (978-3-570-15829-6)
- Der kleine Drache Kokosnuss und die Reise zum Nordpol
  (978-3-570-15863-0)
- Der kleine Drache Kokosnuss – Expedition auf dem Nil
  (978-3-570-15978-0)

Oskar

Matilda